Un automne rouge sang

L'AUTEUR

Paul Thiès est né à Strasbourg en 1958. Paul Thiès a habité à Buenos Aires, Madrid, Tokyo, Mexico avant de s'installer à Paris. Il aime les voyages, les gares, les aéroports, il adore la littérature et écrit des histoires passionnantes pour les jeunes.

Paul Thiès

Un automne rouge sang

Series « Heure noire »

Paul Thiès
Un automne rouge sang
Teen Readers, niveau 2

Rédaction : Christiane Stéfanopoli
Illustrations : Niels Roland
Maquette : Jytte West/Westdesign

Rédacteurs de série : Charlotte Bistrup et Ulla Malmmose

ISBN Danemark 978-87-23-90641-0
www.easyreader.dk

Easy Readers
EGMONT

Imprimé au Danemark

Un étrange message

Les arbres de Paris sont jaunes, orange et rouges. C'est l'automne.

Martin Malivert, le groom de l'hôtel des Quatre Saisons, est devant la *porte à tambour*. Il porte un uniforme : une veste, un pantalon et une *toque* rouges.

Il regarde les ados de la rue de Seine qui s'amusent, parlent et font de la mobylette.

Martin est un peu triste. L'an dernier, il allait encore au *lycée*, mais, à la *mort* de ses parents, il a dû travailler et il est devenu groom.

Martin pousse la porte à tambour et entre dans le hall. Il regarde autour de lui pour voir si tout est en ordre, puis traverse le salon des Antipodes pour aller au bar.

Le bar de l'hôtel est une pièce ovale aux murs couverts de souvenirs rapportés par les clients fidèles. Des masques de Venise, de Mexico ou de Java... Des tambours de Guinée et des banjos de Louisiane, des violons tsiganes... Martin adore cette pièce qui lui rappelle la maison de ses parents, à Paimpol. Son père, qui écrivait de merveilleux livres de voyage, rapportait aussi des objets trouvés sur les cinq continents.

Un homme aux cheveux et aux yeux noirs appelle Martin d'un geste de la main.

la toque voir ill. p. 13
le lycée école pour les jeunes de 15 à 18 ans
la mort contraire de la vie

porte à tambour

Ce client n'est pas aussi élégant que les clients habituels. Mais Martin sait qu'il doit respecter tous les clients. Il demande *poliment :*

– Que désirez-vous, monsieur ?

– Un café, dit l'homme d'une voix nerveuse.

Martin commande le café à M. Cartier, le barman, le pose sur un *plateau d'argent* et l'apporte au client. L'homme remercie le groom d'un signe de tête, boit son café, dépose un *papier plié en quatre* sur le plateau et part.

Martin vient prendre le plateau. Il voit le papier plié en quatre, le prend et le met dans la *poche* de sa veste.

Quelques minutes plus tard, il ouvre le papier et lit :

Trouvez Sélim Sartahoui et dites-lui :
Combien de fois au matin,
je suis parti avec mes amis et mon chien...
Je vous prie d'accepter. C'est une question de vie ou de mort.

– M. Sartahoui, pense Martin, je dois en discuter avec Mehdi avant de lui parler. Il le connaît mieux que moi.

poliment de manière respectueuse
la poche voir ill. p. 13

Le mystérieux Sélim Sartahoui

Mehdi Ben Mourad est le meilleur ami de Martin. Il est *plongeur* aux cuisines des Quatre Saisons pour aider sa mère qui travaille en usine.

Mehdi a le même âge que Martin, une peau très *mate*, des cheveux noirs. Simple plongeur, il ne porte aucun uniforme. Il porte un vieux *tablier*.

Les cuisines des Quatre Saisons sont installées dans les anciennes caves de l'hôtel.

Martin descend donc voir son ami.

– Je dois te parler tout de suite.

– Impossible, trop de travail ! proteste Mehdi qui jongle avec les fourchettes et les couteaux.

– J'ai trouvé un étrange message, dit Martin. Je crois que c'est important... C'est une question de vie ou de mort.

Mehdi s'arrête de laver la *vaisselle*, les yeux brillants. Trois mois plus tôt, il est tombé amoureux de la fille d'un commissaire de police ! Elle s'appelle Louise Langoisse. Depuis qu'il la connaît, Mehdi se passionne pour les énigmes policières.

---

le plongeur personne qui lave les assiettes, les fourchettes... dans un restaurant
mat, mate foncé, brun
un tablier voir ill. p. 9
la vaisselle assiettes, fourchettes, couteaux, cuillères, plats, verres...

Le jeune plongeur termine vite sa vaisselle et va avec son ami.

– C'est pour M. Sartahoui, dit Martin. On m'a donné ce papier pour lui et comme tu le connais mieux que moi, je voulais t'en parler d'abord.

Martin tire le papier de sa poche et lit le message...

– Combien de fois au matin, je suis parti... répète Mehdi, ça ne veut rien dire !

– C'est de la poésie, non ? demande Martin.

– C'est toi l'intellectuel, réplique Mehdi. Tu étais au lycée. Moi, je n'ai qu'un diplôme de *pâtissier* !

Mais ce n'est pas tout à fait vrai. Mehdi discute souvent de poésie avec M. Sartahoui. Malheureusement, le garçon ne sait ni lire ni écrire l'arabe, mais seulement le parler. Voilà pourquoi il admire M. Sartahoui qui maîtrise parfaitement l'arabe et le français.

M. Sartahoui est un des clients permanents des Quatre Saisons. Il habite la chambre sept de l'hôtel depuis plus de trois ans.

Personnage mystérieux, M. Sartahoui passe des heures dans le salon du Capricorne à lire des livres. Quand il sort, il va faire de longues promenades dans Paris.

– M. Sartahoui est certainement très riche, dit Mehdi, l'hôtel est si cher ! Peut-être que des gangsters le *menacent*.

– Tous nos clients sont riches, répond Martin et ils ne reçoivent pas d'*avertissement* bizarre !

– Je ne comprends pas, dit Mehdi.

Il réfléchit un instant.

---

le pâtissier professionnel qui fait des gâteaux
menacer avoir un comportement hostile, agressif, violent
l'avertissement (m) message qui indique qu'il y a un problème

un vieux tablier

– Combien de fois au matin, je suis parti avec mes amis et mon chien... répète Mehdi, oui, ça ressemble à un avertissement. M. Sartahoui est en danger ! Je vais lui parler.

– Pourquoi pas moi ? demande Martin.

– M. Sartahoui est arabe comme moi. Et je l'aime bien. Je vais lui parler.

– D'accord, dit Martin.

– Tu sais, tu ne m'as pas apporté le bon message, dit Mehdi.

– Non ? demande Martin.

– Je rêve de Louise. J'attends une lettre d'amour !

Mehdi enlève son vieux tablier et va voir M. Sartahoui au salon du Capricorne.

Mehdi apporte à son client favori du thé très chaud, très sucré, sur un plateau d'argent. Comme tous les jours.

Le jeune plongeur s'arrête devant lui et récite avec application le message.

M. Sartahoui ne semble pas surpris. Il lève les yeux et répète la phrase en arabe.

– Ce sont des vers d'Abou Nowas, le plus grand poète arabe, dit-il. Il vivait au XIe siècle à Bagdad. Les Arabes, les Iraniens et les Turcs le connaissent.

Mehdi demande timidement.

– Mais ça veut dire quoi ?

– C'est un message d'un de mes amis. Il me dit que je suis peut-être en danger de mort.

Puis M. Sartahoui se lève et quitte la bibliothèque. Mehdi est choqué.

Un accident suspect

Quelques jours plus tard, Martin *ratisse* la *pelouse* de l'hôtel. Il aime bien ce travail.

Le jardin des Quatre Saisons n'est pas très grand, mais il y a des arbres, des oiseaux et des *papillons*. Tout autour du jardin, il y a un mur. On n'entend presque pas les bruits de Paris.

– Bonjour Martin ! Tu rêves ? Je suis contente de te revoir !

Une fille de l'âge de Martin, aussi blonde que lui, habillée d'une élégante robe bleue et grise, est entrée sans bruit dans le jardin.

C'est Marie-Décembre Desmoulins, la fille d'une *femme d'affaires* canadienne, qui vient chaque année plusieurs semaines à Paris.

Martin et Marie-Décembre se connaissent depuis l'*été*. Le garçon est amoureux d'elle. Il voudrait lui offrir des roses, la lune, les étoiles...

– Apporte-moi un jus de tomate, demande la jeune fille.

Martin laisse tomber son *râteau*, va vite vers le bar et

---

ratisser assembler les feuilles mortes avec un rateau
la pelouse voir ill. p. 13
le papillon voir ill. p. 13
la femme d'affaires fait du commerce avec d'autre personnes
l'été juin, juillet, août
le râteau voir ill. p. 13

revient avec un plateau d'argent. Il chante presque.

La vie est belle ! Marie-Décembre est là !

– Votre jus de tomate, mademoiselle.

Marie-Décembre le regarde. Ses longs cheveux blonds dansent autour de son *visage*.

Elle touche du bout des doigts la toque de Martin et les *boutons* dorés de son uniforme. Le groom rougit.

– Tu es arrivée ce matin ? demande-t-il.

– Ton directeur ne te l'a pas dit ? ironise Marie-Décembre.

Martin comprend qu'il a fait une faute. Il n'est qu'un groom et Marie-Décembre est la fille d'une riche cliente.

– Pardon, mademoiselle, je ne dois pas vous *tutoyer*... Bienvenue à Paris ! Euh... Désirez-vous autre chose ?

Marie-Décembre le regarde. Elle adore se moquer de lui.

– Ton uniforme d'automne est vraiment splendide ! Encore plus rouge que toi !

L'uniforme de Martin change de couleur quatre fois par an : blanc en *hiver*, vert au *printemps*, bleu en été et rouge en automne. Et Marie-Décembre commande toujours une boisson de la couleur de son uniforme. Aujourd'hui, c'est donc un jus de tomate !

Marie-Décembre porte son verre à ses lèvres. À cet instant, ils entendent un violent *crissement* de *pneus* et un grand bruit contre le mur.

---

tutoyer dire tu
l'hiver (m) décembre, janvier, février
le printemps mars, avril, mai
le crissement bruit très haut fait par les pneus d'une voiture qui s'arrête brusquement

un pneu

le visage
la toque
la poche
le bouton
le râteau
la pelouse
le papillon

Puis il y a un cri, le choc d'un corps qui tombe et un moteur qui redémarre. Puis d'autres cris et des appels au secours.

Martin et Marie-Décembre se regardent.

– Il faut aller voir, dit Martin.

Ils traversent les couloirs et les salons de l'hôtel et sortent par la porte à tambour de la rue de Seine. Il y a déjà beaucoup de personnes sur le trottoir : M. Clérard, le directeur, M. Brandicourt, son secrétaire, M. Lefèvre, le cuisinier, plusieurs clients et Mehdi avec son vieux tablier.

M. Sartahoui est là aussi. Il est un peu à l'écart avec un visage très triste.

Un homme est étendu au milieu de la rue dans une *marre de sang*.

Marie-Décembre devient très pâle. Martin regarde le corps et a un choc. L'homme, il le reconnaît, c'est l'homme qui lui a donné le message !

Martin se retourne et regarde M. Sartahoui.

– Vous le connaissez, n'est-ce pas ? demande Martin.

– Oui, c'est mon ami ! dit M. Sartahoui.

M. Sartahoui reste un moment près de l'homme. Puis il rentre dans l'hôtel. Martin veut le suivre, mais Mehdi l'arrête.

– Laisse-le, il est triste.

Les sirènes des ambulances se rapprochent de la rue de Seine. La marre de sang ressemble à une feuille morte tombée d'un arbre monstrueux.

Premier attentat à Montmartre

La radio annonce le soir la mort de l'homme de la rue de Seine. Il n'avait pas de *papiers* sur lui et personne n'a contacté la police.

M. Sartahoui est peut-être le seul à connaître son identité. Mais il ne l'a pas communiquée à la police.

La police croit à un accident et recherche le conducteur de la voiture. Martin et Mehdi croient à un *meurtre*. Cet homme était l'ami de M. Sartahoui et il était certainement en danger lui aussi.

Les jours passent. L'automne dépose des feuilles jaunes, orange et rouges sur la Seine. Martin et Mehdi ont beaucoup de travail. Une dizaine de chirurgiens venus du monde entier assistent à un congrès à la Sorbonne. Ils occupent la moitié des chambres et sont très exigeants. Martin doit *cirer* les chaussures, apporter des journaux et des revues scientifiques, des fruits, des plateaux repas... Mehdi doit éplucher les pommes de terre et laver la salade...

Les chirurgiens quittent enfin l'hôtel. Martin et Mehdi ont moins de travail.

Ce jour-là, Mehdi apporte un thé très chaud à M. Sartahoui dans le salon du Capricorne.

M. Sartahoui est seul. Il lit.

---

les papiers (mpl) carte d'identité nationale, passeport, permis de conduire...
un meurtre si une personne tue une autre personne, c'est un meurtre
cirer frotter les chaussures de cuir avec de la cire

– Monsieur ! Je... Je dois vous parler, c'est important pour moi, dit Mehdi.

– Je t'écoute, répond M. Sartahoui.

– Je veux savoir si quelqu'un veut vous tuer ! dit Mehdi. J'ai peur pour vous parce que... vous êtes sympa avec moi et je vous aime beaucoup.

M. Sartahoui pose son livre. Il regarde longtemps le garçon, droit dans les yeux et lui demande enfin :

– Tu as du temps ?

– Un peu.

– Alors viens avec moi. Nous allons parler.

Mehdi est surpris. Accompagner M. Sartahoui, c'est un grand honneur !

L'homme et le garçon quittent l'hôtel, traversent la Seine, vont aux Tuileries.

– Je connais mal les parcs de Paris, dit Mehdi.

– Paris est une ville magnifique, dit M. Sartahoui. Tu dois la découvrir.

Des ados jouent au football le long de la rue de Rivoli. Des touristes boivent un chocolat chaud sous les arbres. Les statues vertes ou blanches sourient à travers les feuilles jaunes, orange et rouges.

– Tu connais le nom du sculpteur ? demande M. Sartahoui.

– Non.

– C'est Maillol. Il était l'ami de Renoir et Gauguin.

Mehdi écoute tout heureux. Enfin un adulte qui lui apprend des choses, qui s'occupe de lui.

– Ce que je voudrais le plus, dit-il, c'est lire l'arabe comme le français. On ne me l'a jamais appris à l'école et pourtant c'est ma langue maternelle...

Tout à coup, il s'arrête de parler et regarde un homme qui les *observe* de l'autre côté du bassin. Il est grand, porte un blouson gris et un pantalon de flanelle. Il semble *menaçant.*

L'homme se penche aussitôt vers le bassin. Il prend un peu d'eau dans sa main et se lave le visage. Mehdi n'a plus peur. Ce n'est pas un tueur. Ce doit être un touriste.

M. Sartahoui n'a pas vu l'homme. Mehdi ne dit rien. La promenade est si belle !

Ils quittent les Tuileries par la rue de Rivoli. M. Sartahoui arrête un taxi et Mehdi s'installe à côté de lui.

Le taxi s'arrête au bas des grands *escaliers* qui montent vers le Sacré-Cœur et la butte Montmartre.

– C'est ça, le Sacré-Cœur ? demande Mehdi.

– Tu ne connais pas ? répond M. Sartahoui.

– Non, j'ai seulement vu des cartes postales.

– Sa construction a commencé en 1876...

– Vous connaissez beaucoup de choses sur Paris, remarque Mehdi. Et sur votre pays ?

Le visage de M. Sartahoui se ferme. Il ne répond pas. Mehdi comprend brusquement qu'il est très malheureux.

M. Sartahoui et Mehdi montent les escaliers...

Mehdi se retourne pour admirer Paris... et a un choc. L'homme des Tuileries est là ! Il les a suivis ! Il a une arme à la main.

– Attention ! crie le garçon.

Il *pousse* M. Sartahoui de toutes ses forces.

---

observer regarder avec beaucoup d'attention
menaçant voir la note p. 8

il pousse
l'escalier

L'homme au blouson gris *tire* deux fois. La première *balle* touche la main gauche de M. Sartahoui. La seconde ne le touche pas.

L'homme met vite l'arme dans son blouson et disparaît parmi les touristes.

– Ça va, m'sieur, ça va ? demande Mehdi d'une voix tremblante.

– Tu m'as sauvé la vie ! répond M. Sartahoui. Merci mon garçon !

---

tirer on tire sur quelqu'un avec un revolver par ex.
la balle dans un revolver, il y a des balles

Menaces

Des voitures de police et une ambulance arrivent près du Sacré-Cœur. Des agents de police en bleu et des infirmiers en blanc montent l'escalier. Un inspecteur dirige les opérations.

Au même instant, Martin *salue* respectueusement les clients qui reviennent à l'hôtel...

– Madame la comtesse...

C'est Mme de Garrivier. La comtesse habite l'hôtel depuis trente ans.

– Votre Excellence !

C'est un ancien ministre...

Tout à coup, une voix dure demande :

– Tu es le groom de l'hôtel ?

Martin regarde l'homme qui lui parle. Il est très brun, porte un complet bleu.

– Tu es bien le seul groom ? insiste l'homme.

– Oui, monsieur, pourquoi ? demande Martin.

– On t'a donné un message pour Sélim Sartahoui ?

– Oui, répond Martin.

Cette fois, il a un peu peur. L'homme semble nerveux, presque hostile. Il attrape Martin par le bras.

---

saluer dire bonjour

– Tu as reçu un autre message ?

– Quoi ? demande Martin.

– Ne fais pas l'idiot, dit l'homme. Est-ce qu'on t'a donné un autre message pour M. Sartahoui ?

– Je ne sais pas, je ne comprends pas, dit Martin. Vous me faites mal. Lâchez-moi ou je crie !

L'homme sort brusquement un revolver de sa poche et menace Martin.

– Silence !

Martin est terrifié. Une grosse voiture verte descend la rue de Seine et s'arrête près de lui.

– Monte ! ordonne l'homme.

À cet instant, Martin voit l'amie de Mehdi, Louise, la fille du commissaire Langoisse, en jean, chemise blanche et blouson bleu qui arrive en mobylette au coin de la rue.

Au même instant, Marie-Décembre sort de l'hôtel. Elle porte une très belle robe rouge.

L'homme au revolver est très irrité. Il ne peut plus pousser Martin dans la voiture, alors il le frappe avec son arme et le groom tombe sur le trottoir. L'homme saute dans la voiture verte qui disparaît.

Marie-Décembre pousse un grand cri. Louise arrive vite en mobylette.

Martin ne bouge pas. Louise pose sa main sur le cou du groom. Elle *sourit* et dit :

– Ça va. Il est vivant.

– J'appelle une ambulance ! crie M. Brandicourt, le secrétaire du directeur.

---

sourir quand on est hereaux, on sourit avec la bouche

Louise se relève et prend machinalement la toque rouge de Martin.

– Donne-moi ça ! crie Marie-Décembre.

– Mais...

– C'est le groom que j'aime, dit Marie-Décembre qui pleure.

– Tu n'as pas besoin d'être jalouse, dit Louise.

Des clients et des employés sortent de l'hôtel. Ils regardent tous Martin et commentent l'incident.

Informations confidentielles

Martin se réveille à l'hôpital. Il déteste immédiatement les murs blancs et la lumière froide.

Des médecins, des infirmières, des agents de police, des inspecteurs viennent le voir. Il raconte au moins trente fois son histoire. Il décrit le visage de l'homme au revolver et le visage du conducteur de la voiture verte.

Martin dort longtemps, mange, dort de nouveau, se réveille encore. Le commissaire Langoisse est à côté de son lit.

Le père de Louise est grand et mince, élégant et sûr de lui. Il fait partie d'Interpol, la police internationale. Martin et Mehdi ont fait sa connaissance au printemps.

– Louise te donne le bonjour. Elle va venir te voir, dit Langoisse.

Et il met une boîte de chocolats sur la table de nuit.

– Merci, monsieur... dit Martin avec un sourire.

– C'est une drôle d'histoire, dit Langoisse. Mehdi et Louise m'ont tout raconté : le message, l'inconnu tué devant la porte de l'hôtel, ton attaque et les secrets de M. Sartahoui. Sais-tu qu'on a voulu le tuer à Montmartre ?

– Non ! On ne m'a rien dit. Mehdi est *blessé* ?

– Non, dit Langoisse... Mais, toi, que penses-tu de tout cela ?

---

blessé, blessée lors du premier attentat, M. Sartahoui n'est pas tué, il est blessé par la balle

– Eh bien... Tout commence avec M. Sartahoui. Il habite l'hôtel depuis trois ans mais il ne rencontre personne. Il ne reçoit pas de lettres. Je crois qu'il *se cache*... Mais il n'est ni un voleur ni un assassin.

– Pourquoi ? demande calmement Langoisse.

– Ben... D'abord je le trouve sympa. Et Mehdi aussi. Puis, le jour où la voiture a tué l'inconnu, la police est venue. M. Sartahoui n'avait pas peur. Il n'a donc pas de problème avec la police.

– Bien, dit Langoisse. Continue.

– M. Sartahoui a des *ennemis*. Ces ennemis l'ont retrouvé. L'homme qui m'a donné le message était son ami. Et il est mort.

– Bien, dit Langoisse. Et maintenant ils s'attaquent à toi parce qu'ils pensent que tu sais quelque chose.

– Alors, demande Martin, qui est M. Sartahoui et qui veut le tuer ? Vous le savez ?

– Oui, répond Langoisse. Interpol a des informations sur lui. C'est top secret. Je ne peux rien dire de plus. À partir d'aujourd'hui, nos services sont avec vous pour vous *protéger*.

Et Langoisse sort.

Le jour suivant, Mehdi et Louise rendent visite à Martin.

Louise a le même âge que les deux amis, des cheveux bruns et bouclés, des yeux marron. Ce jour-là, elle porte un jean, des baskets, un vieux pull et une casquette de tweed.

Mehdi raconte à Martin que M. Sartahoui a quitté Les Quatre Saisons.

---

se cacher ne pas se montrer
un ennemi contraire d'un ami
protéger s'occuper de, faire attention à

– Je ne sais même pas où il est ! dit tristement Mehdi.

– Mon père le protège, dit Louise.

– Oui, mais... j'aime tant parler avec lui, soupire Mehdi.

Martin voudrait aider Mehdi, mais il est à l'hôpital et ne peut rien faire.

Le lendemain matin, Marie-Décembre en personne entre dans la chambre de Martin !

Fantastique ! Martin voudrait danser !

Alexandrine Desmoulins accompagne sa fille. Elle est aussi blonde que sa fille et a les mêmes yeux d'un bleu intense presque métallique.

Martin remarque que Marie-Décembre porte un merveilleux rubis rouge de la couleur de son uniforme. Il sourit.

– À quoi penses-tu ? demande Mme Desmoulins à Martin.

– Vous êtes belle ! Comme une *aurore boréale* ! dit Martin.

– Marie ! Ton groom est un vrai poète ! dit Mme Desmoulins d'une voix affectueuse. Bon, je vous laisse tous les deux. J'ai un rendez-vous important aux Champs-Élysées pour affaires.

Et elle part.

– Tu la trouves belle, hein ? demande Marie-Décembre.

– Oui, dit Martin.

– C'est normal. Tout le monde l'aime, constate Marie-Décembre avec un peu de jalousie.

– Elle est sympa, dit Martin. Elle te laisse me voir.

---

une aurore boréale phénomène naturel de lumière magnétique dans l'Arctique

– Oui, mais je la vois si peu ! dit Marie-Décembre.

Martin comprend que son amie est souvent seule et triste. Comme lui !

Rendez-vous amoureux

Le commissaire Langoisse habite le dernier étage d'un bel immeuble, place Dauphine. L'appartement est très grand. Un des balcons donne sur le Palais de Justice. Une grande terrasse donne sur la Seine. La Tour Eiffel est juste derrière.

C'est dimanche et Mehdi ne travaille pas. Louise l'a invité.

Le garçon sonne chez le commissaire. Il est un peu nerveux.

Louise ouvre et conduit son ami au salon.

Le commissaire et sa femme sont assis sur un canapé.

Deux garçons aux cheveux bruns arrivent : Sébastien et Lucas, les petits frères de Louise.

– C'est toi, le fameux cuisinier ?

– Louise parle sans arrêt de toi !

– Tu sais faire le gâteau au chocolat ?

– Et les tartes aux pommes ?

– T'es son amoureux ?

– Assez ! crie Louise. Allez dans votre chambre !

Les deux garçons partent vite.

Mme Langoisse sourit.

– Ce sont de petits diables, dit-elle.

– Ils sont formidables ! dit Mehdi.

Le commissaire Langoisse regarde Mehdi.

– Je désirais te voir. Je veux te parler de Sélim Sartahoui, dit-il.

Mehdi lève la tête.

– Il n'est pas aux Quatre Saisons. Vous savez où il se cache ? demande Mehdi.

– Tu l'aimes bien, n'est-ce pas ? demande le commissaire.

– Je l'aime beaucoup ! répond Mehdi. Il est sympa avec moi, comme... vous.

Louise sourit, heureuse de la sympathie qui existe entre son père et son ami Mehdi.

– Dites-moi où il est ! Je veux l'aider ! dit Mehdi.

– C'est impossible ! répond le commissaire. Mais Sélim Sartahoui sait où tu habites. Il va te contacter.

Le commissaire sourit. Il regarde sa fille et dit :

– Bon dimanche, Louise, amusez-vous bien !

Mehdi salue le commissaire et Mme Langoisse. Celle-ci prend sa main dans la sienne.

– Je suis contente de t'avoir rencontré ! dit-elle.

Mehdi est très fier d'être accepté par la famille de Louise. Il remercie Mme Langoisse d'un sourire radieux.

L'adresse secrète

Une semaine plus tard, Mehdi et sa mère reviennent avec leurs courses du marché de leur quartier. M. Sartahoui les attend devant la porte de l'immeuble.

– C'est lui, maman ! dit Mehdi.

Mme Ben Mourad porte une robe bleu foncé, un manteau noir et un collier en or. M. Sartahoui la salue comme une grande dame.

– Vous voulez parler à mon Mehdi ?

– Oui, je lui dois la vérité.

M. Sartahoui et Mehdi vont s'asseoir sur un banc au bord du canal Saint-Martin.

– Dans mon pays, commence M. Sartahoui, j'étais professeur de littérature à l'université.

– Alors vous êtes savant et riche, dit Mehdi.

– Savant peut-être, riche non. J'ai critiqué mon gouvernement.

– Pourquoi ?

– Le président de mon pays est un dictateur, dit M. Sartahoui. Ses soldats tuent les personnes qui protestent contre lui. Plusieurs de mes amis sont morts.

Le visage de M. Sartahoui est très triste.

– Voilà pourquoi j'habite en France depuis trois ans.

Mehdi est heureux d'avoir l'explication.

– Alors vous êtes un... *héros* comme dans les films ? demande Mehdi.

– Non, je suis un *fugitif*, dit M. Sartahoui. Je suis seul. J'aime Paris mais j'aime encore plus mon pays.

Il pose la main sur l'épaule de Mehdi.

– J'ai remarqué à l'hôtel que tu aimes apprendre. Comme mes étudiants. C'est pour ça que j'aime parler avec toi.

Mehdi est très heureux. Il sourit.

– Ça va ? demande M. Sartahoui.

– Oui, m'sieur, merci. Mais j'ai peur pour vous. On veut vous tuer. Ici, en France !

– Oui, des hommes veulent me tuer. C'est un de mes amis qui a donné le message à Martin.

– Mais pourquoi un poème ? demande Mehdi. C'est une drôle d'idée, non ?

– Je suis un spécialiste d'Abou Nowas, explique M. Sartahoui. C'était un code entre mon ami Slimane et moi.

– Et maintenant, qu'est-ce que vous allez faire ?

– Le commissaire Langoisse et les services d'Interpol ont un dossier sur moi, comme sur la plupart des fugitifs. J'ai rencontré le commissaire et il me dit de me cacher. Ses hommes me protègent et ses services recherchent ceux qui veulent me tuer.

– Vous ne devez pas sortir ! C'est dangereux ! dit Mehdi.

– Je ne peux pas rester dans une chambre toute la journée. Je dois sortir de temps en temps.

– Vous n'allez pas revenir aux Quatre Saisons ? demande

---

un héros personne qui fait une chose extraordinaire, très courageuse
un fugitif personne qui fuit, part de son pays et ne peut plus y revenir

Mehdi avec tristesse.

– Je n'ai plus d'argent. Je dois travailler.

– À la Sorbonne ? demande Mehdi au hasard.

– Non, regrette M. Sartahoui. J'ai une place de gardien de nuit dans un petit hôtel, l'hôtel Chevalier, rue de Ménilmontant... C'est ma nouvelle adresse. Ne la donne à personne.

Le deuxième attentat

L'automne est de plus en plus froid. Il y a moins de clients aux Quatre Saisons. Martin et Mehdi ont plus de temps libre.

Mme de Garrivier dort de longues heures près de la cheminée de sa chambre. Martin lui apporte du thé sucré plusieurs fois par jour et lui lit de la poésie.

Mehdi de son côté prend souvent le métro jusqu'à Ménilmontant et va voir M. Sartahoui. Le garçon apprend à lire et à écrire l'arabe sous sa direction. C'est difficile, mais il est heureux.

L'hôtel Chevalier est un très vieil hôtel qui tombe presque en ruine. Alors pour *remercier* M. Sartahoui de ses leçons, Mehdi lave le sol ou répare une chaise...

– Tu n'es pas obligé de faire ça, proteste M. Sartahoui. Tu travailles assez aux Quatre Saisons.

– Je veux vous remercier, m'sieur ! dit Mehdi.

Alors M. Sartahoui pose la main sur son épaule.

– Tu es un excellent élève, dit-il.

Mehdi est très fier.

Quand Martin ne travaille pas, il aide Mehdi. Le groom et le plongeur se retrouvent dans l'immense cuisine de l'hôtel. Ils font la vaisselle et parlent ensemble.

Mehdi a presque tout raconté à son ami : sa rencontre avec M. Sartahoui au bord du canal Saint-Martin, les leçons d'arabe... Mais il ne donne ni le nom de l'hôtel, ni l'adresse.

---

remercier dire merci

Un soir, Martin dit :

– Je voudrais aller avec toi.

– Où ? demande Mehdi.

– Là où travaille M. Sartahoui, répond Martin.

– Et pourquoi ? demande Mehdi un peu jaloux.

– M. Sartahoui t'aide, il t'apprend beaucoup de choses. Avant, mon père m'aidait aussi... Tu sais, j'ai envie... Et je ne le dis à personne.

Mehdi réfléchit longuement, puis il demande à M. Sartahoui.

– Martin peut venir, répond-il.

– Mais c'est dangereux pour vous ! Vous n'avez pas peur ?

– Non. Peut-être que ton ami et toi, vous me portez chance. Et j'aime bien Martin.

– Pas autant que moi, j'espère ! proteste Mehdi.

– J'aime toujours les élèves débutants, dit M. Sartahoui avec un grand sourire.

Martin accompagne donc son ami rue de Ménilmontant.

Martin se met sur une chaise et écoute la leçon d'arabe. Il ne comprend pas les phrases, mais il aime les entendre. La voix de M. Sartahoui est grave et douce, celle de Mehdi claire et confiante.

Martin ferme les yeux. Il pense une fois de plus à ses parents...

Il pleut dehors. Mehdi écrit et M. Sartahoui l'aide. Martin les observe lorsque des coups de feu éclatent dans la rue.

Cris, coups de feu, crissements de pneus...

Puis le silence...

Martin et Mehdi sortent vite de l'hôtel.

La rue de Ménilmontant est pleine de voitures de police et d'ambulances.

Il y a trois corps sur le sol : trois hommes dans une marre de sang. Mehdi reconnaît le tueur au blouson de Montmartre, Martin reconnaît l'homme qui l'a attaqué devant les Quatre Saisons et le conducteur de la voiture.

Le commissaire Langoisse dirige les opérations.

Martin et Mehdi s'approchent timidement du commissaire. Il pleut toujours...

– Ah ! Vous êtes là ? dit le commissaire.

– Que s'est-il passé ? demande Martin.

– Les tueurs ont trouvé la piste de Sélim Sartahoui. Heureusement, mes hommes étaient là.

M. Sartahoui sort de l'hôtel ; deux policiers l'accompagnent.

– Où va-t-il ? demande Mehdi.

– Je suis désolé, dit le commissaire, je ne peux pas te donner l'adresse. Il doit rester caché. Mais pas pour longtemps !

Mehdi baisse la tête. Il est très triste. À ce moment, M. Sartahoui vient vers lui et pose ses mains sur ses épaules.

– Mehdi Ben Mourad, tu as été mon meilleur élève ! Continue à étudier. Et à bientôt !

– Je vais continuer, je vous le promets ! dit Mehdi.

M. Sartahoui part avec les policiers vers une autre adresse.

Le commissaire pose à son tour la main sur l'épaule de Mehdi.

– J'ai une bonne nouvelle. Louise t'attend demain soir à la maison.

La police part. La rue de Ménilmontant redevient calme. Les deux amis rentrent aux Quatre Saisons.

L'ange du cimetière

Le premier novembre, le jour de la *Toussaint*, une pluie très froide tombe sur le cimetière du Père-Lachaise.

Martin dépose des fleurs sur la *tombe* de ses parents. Son oncle Richard et sa tante Hélène l'accompagnent.

L'ado regarde longtemps la tombe grise qui porte deux noms :

JEAN MALIVERT
ISABELLE MALIVERT

Au-dessous, la date de l'accident de voiture...

Martin déteste son oncle et sa tante qui le détestent aussi.

– Martin, fais attention à tes chaussures. C'est moi qui les ai payées, critique la tante.

– Tu ne connais pas la valeur de l'argent, dit l'oncle.

– Tu n'es qu'un rêveur comme ton père, dit la tante...

Enfin, Martin, son oncle et sa tante quittent le cimetière.

– Martin !

C'est Marie-Décembre qui l'attend près d'un taxi arrêté. Elle est *mouillée*. Elle ressemble à une *fée* de la pluie.

– Martin !

– Qu'est-ce que tu fais ici ? demande l'ado.

---

la Toussaint fête religieuse chrétienne début novembre
mouillé, mouillée quand on marche sous la pluie, on devient mouillé
fée femme de fantaisie qui peut être très bonne ou très méchante

JEAN MALIVERT
ISABELLE MALIVERT
15 - 05 - 2005
la tombe

Son amie s'approche et l'*embrasse.*

– Je pars pour le Canada. Mais souviens-toi, même si je suis au Canada, je pense à toi !

Et elle monte dans le taxi.

– Qui est-ce ? demande l'oncle.

– C'est une cliente ! répond Martin.

– Une cliente qui t'embrasse ! critique l'oncle.

– On va te mettre à la porte ! dit la tante.

Mais Martin ne les écoute pas. Il regarde le boulevard avec des yeux émerveillés. Marie-Décembre l'a embrassé ! Il ressemble à un ange blond, mouillé, ravi...

elle embrasse

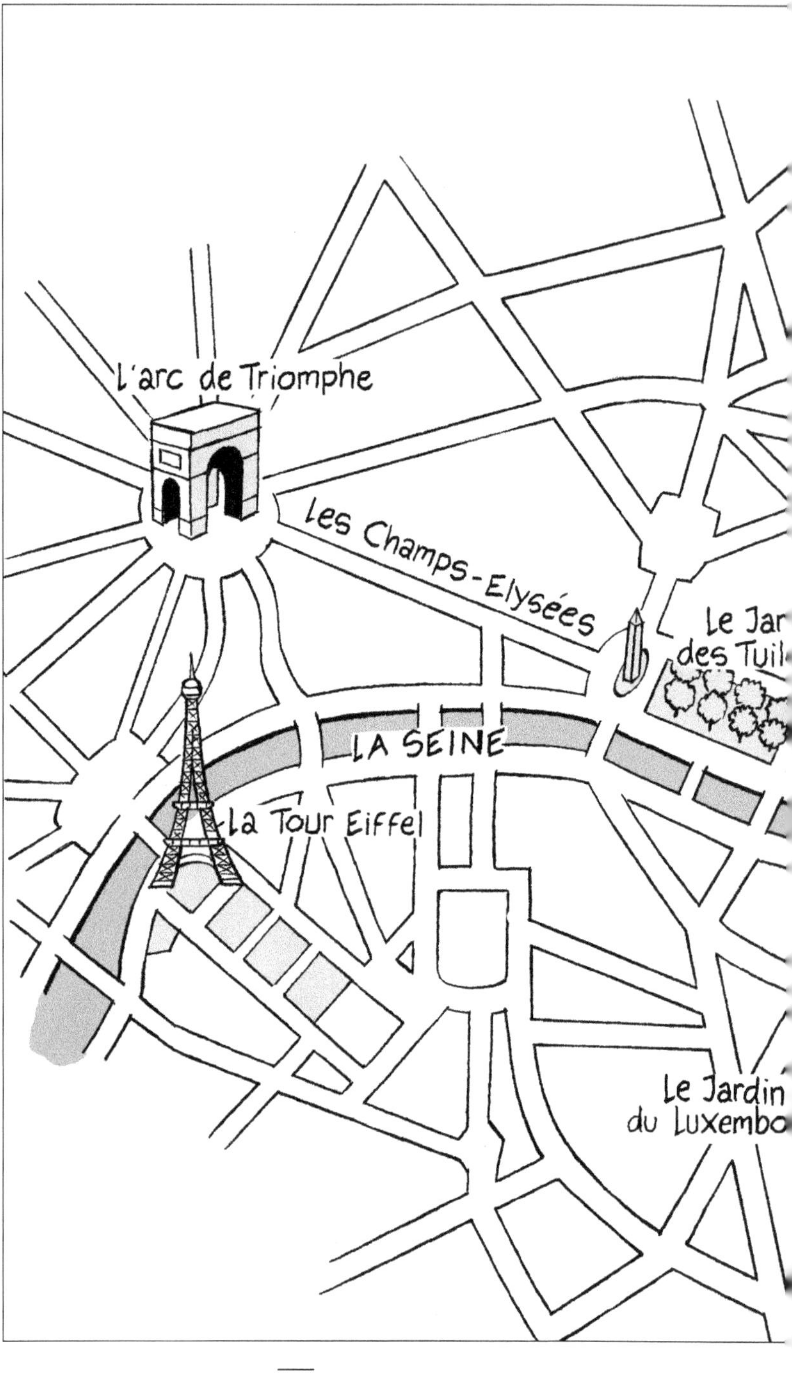
L'arc de Triomphe
Les Champs-Elysées
LA SEINE
La Tour Eiffel
Le Jardin

Le Sacré-Cœur
TMARTRE
Le Canal Saint-Martin
Le Louvre
Le Centre Pompidou
La Bastille
Notre-Dame
QUARTIER LATIN
La Sorbonne

Questions sur le texte

1) Qu'est-ce que vous apprenez sur Martin ?
2) Décrivez le client.
3) Qu'est-ce qu'il y a sur le plateau d'argent ?
4) Qui est le meilleur ami de Martin ?
5) Mehdi est intéressé par le message. Pourquoi ?
6) Quels sont les points communs entre M. Sartahoui et Mehdi ?
7) Que veut dire le message ?
8) Martin rencontre Marie-Décembre. Où ?
9) Que savez-vous sur Marie-Décembre ?
10) Quelles sont les différentes couleurs de l'uniforme de Martin et pourquoi ?
11) Il y a tout à coup un violent crissement de pneus. Que se passe-t-il ?
12) Qui connaît cet homme ?
13) À votre avis, pourquoi est-ce que M. Sartahoui ne donne pas l'identité de l'homme à la police ?
14) Qu'est-ce que Martin et Mehdi pensent de cette mort ?
15) M. Sartahoui et Mehdi vont se promener aux Tuileries. Qu'est-ce que Mehdi remarque ?

16) Que se passe-t-il sur les escaliers du Sacré-Cœur ?
17) Un homme à la voix dure parle à Martin. Que veut-il savoir ?
18) L'homme devient violent. Comment ?
19) Martin tombe. Que fait Marie-Décembre ? Que fait Louise ?
20) Quelles sont les conclusions de Martin ?
21) Quelle est la conclusion du commissaire Langoisse ?
22) Mehdi va voir Louise. Racontez la visite.
23) Qu'est-ce que M. Sartahoui raconte à Mehdi le long du canal Saint-Martin ?
24) Mehdi va voir M. Sartahoui à Ménilmontant. Que font-ils ?
25) Martin veut aussi aller voir M. Sartahoui. Pourquoi ?
26) Que se passe-t-il ce soir-là ?
27) Mehdi est très triste quand M. Sartahoui le quitte. Pourquoi ?
28) Le commissaire Langoisse donne une bonne nouvelle à Mehdi. Laquelle ?
29) Décrivez le 1er novembre au cimetière du Père-Lachaise.
30) Que fait Marie-Décembre ?
31) Quelle est la réaction de Martin ?

Activités

1) Le bar des Antipodes est une pièce ovale aux murs couverts de souvenirs de Venise, Mexico, Java, de Guinée et de Hongrie.
   Faites des groupes de travail et cherchez des infos sur l'un de ces pays, puis présentez vos résultats.

2) Martin est groom. Mais il sert aussi les clients du bar.
   Écrivez un dialogue entre un client/une cliente et Martin.

3) Mehdi est un jeune beur (2ème ou 3ème génération d'immigré arabe) à Paris. Dans l'histoire, il est très heureux parce qu'il se sent accepté par la famille de Louise.
   Quels sont en général les problèmes que les jeunes beurs rencontrent en France ?
   Si vous avez des immigrés dans votre pays, quels sont les problèmes qu'ils rencontrent ?

4) Il y a eu en France beaucoup d'incidents violents entre les jeunes immigrés et la police dans les banlieues sensibles.
   Y-a-t-il ce problème aussi dans votre pays ? Racontez l'un des incidents violents ou en France ou dans votre pays.

5) Martin et Mehdi sont très amis. Ils travaillent dans le même hôtel et ils ont tous les deux le même problème : ils n'ont plus de père.
   À votre avis, qu'est-ce qu'un père apporte à ses enfants ?

6) M. Sartahoui est un fugitif, un réfugié politique en France.
   Quelles sont les règles internationales qui protègent les réfugiés politiques ?

7) Quelles doivent être les qualités et qualifications d'un policier ?

8) Les parents de Martin sont enterrés au cimetière du Père-Lachaise.
   Tapez www.père-lachaise.fr et trouvez les différences entre ce cimetière typiquement français et un cimetière de votre pays.
   Des personnes très connues y sont enterrées aussi. Pouvez-vous donnez quelques noms ?

Trouvez d'autres activités sur :
www.easyreader.dk

Teen Readers Titres Déjà parus

Anglais

Niveau 0

Philip Hewitt: Emma and the Boy Next Door
(Sound Recording Available)
Ann Halam: The Shadow on the Stairs

Niveau 1

Peter Johnson: Runaway Teacher
J.J. Martin: The Missing Children
J.J. Martin: The Mad Professor
Alan Posener: The Double Life of a Very Black Cat
Stephen Speight: Bed & Breakfast
(Sound Recording Available)
Stephen Speight: The Runaway
Jeremy Taylor: Dr Schnitzler's Dog
Jeremy Taylor: All 4 Love
(Sound Recording Available)
Wolf/Ferro: The Missing Mascot
(Sound Recording Available)

Niveau 2

Rita Bennet: The Scary Chat Room
Kevin Brooks: Johnny Delgado – Private Detective
Paul Davenport: Horror Trip on the Pecos River
James Heneghan: Hit Squad
Philip Hewitt: Helping Hands
Philip Hewitt: Terror in the Hills
Karen McCombie: Love is the Drug
E. E. Richardsson: Devil for Sale
(Sound available)
Stephen Speight: The Fjord Murder
(Sound Recording Available)
Stephen Speight: Summer School Adventures
Jeremy Taylor: Football Friends
Lee Weatherly: Them

Niveau 3

Chris Carter: Grizzly Attack
Anne Cassidy: Talking to Strangers
Paul Davenport: A Matter of Principle
Paul Davenport: Crossroads to Love
Paul Davenport: Wolf Watch
Paul Davenport: Snakeman
Charles Ferro: Horror at Remsen High
Charles Ferro: Moonstruck
Charles Ferro: Pink Paradise?
Charles Ferro: Love Ties
Charles Ferro: Burning Love
Charles Ferro: Girl Nerd
Charles Ferro: The Fortune Teller
Charles Ferro: Kool-1
Charles Ferro: The Cave Mystery
Philip Hewitt: Ned Kelly
Philip Hewitt: Quest for a Father
Dave Lambert: The Light of Day
Alan Posener: Oh! Carol and Other Steve Stories
Holly-Jane Rahlens:
Prince William, Maximillan Minsky & Me
Jeremy Taylor: Love me Blindly

Niveau 4

Charles Ferro: Forever Young
Charles Ferro: Over the Line
Holly-Jane Rahlens: One Fine Day

Allemand

Niveau 0

Greta Gallandy: Keine Angst?
(Sound Recording Available)

Niveau 1

Greta Gallandy: Im Chatroom gefangen
Alan Posener: Kater, Ines und Katerina

Niveau 2

Alan Posener: Märchenland
Elsegret Ruge: Vier Freunde auf der Kieler Woche
Jürgen Teller: Falkenland
(Sound Recording Available)

Niveau 3

Alan Posener: Olli aus Ossiland

Niveau 4

Greta Gallandy: Die herzensgute Nachbarin

Français

Niveau 0

Laurent Jouvet: Radio mystère
(Sound Recording Available)
Christiane Stéfanopoli:
Catastrophe au Camping des Roses

Niveau 1

Michel Amelin: Cent vingt minutes pour mourir
Pascal Garnier: Les enfants de la nuit
Lenia Major: La lettre mystérieuse
Brigitte Peskine: Mon grand petit frère
Jérôme Talou: Parce que je t'aime

Niveau 2

Stéphane Daniel: Un agent très secret
Marie Décary: Rendez-vous sur Planète Terre
Charlotte Gingras: Un été de Jade
Laurent Jouvet: Anne et l'ordinateur
(Sound Recording Available)
Laurent Jouvet: Répétition pour un crime
Joceline Sanschagrin: Atterrissage forcé
Jérôme Talou: L'amour par internet
Paul Thiès: Un automne rouge sang

Niveau 3

Denis Côté: L'arrivée des inactifs
Brigitte Maria Martel: C'est dingue, ça !

Niveau 4

Hallum/Louveau: Choc des cultures

Espagnol

Niveau 0

Javier Navarro: Un mundo fantástico

Niveau 1

Javier Navarro: Una historia de montaña

Niveau 2

Javier Navarro: El nuevo mundo
Javier Navarro: Las estatuas de Machu Picchu

Teen Readers Titres Déjà parus

Read On Series – including CD
Anglais
Niveau 1 (A1)

Kirsten koch jensen: John Cook Finds a Treasure / John Cook Meets a Killer
Kirsten koch jensen: John Cook Crosses Dead Man's Sea / John Cook Makes Chilli Sauce
Kirsten koch jensen: John Cook and the Queen's Crown / John Cook Saves the Queen
Kirsten koch jensen: John Cook Meets a Mermaid / John Cook and the Sea Monster
Kirsten koch jensen: John Cook and the Golden Key / John Cook and the Cruel Kidnapper
Kirsten koch jensen: John Cook and the Stolen Parrot / John Cook Opens a Restaurant

Niveau 2 (A2)

Benni bødker: Sarin in Sulphur Valley
Benni bødker: Sarin in the Emperor's City
Benni bødker: Sarin in the Foggy Mountains
Benni bødker: Sarin in Nordheim

Labyrinth series
Allemand
Niveau 3 (A2/B1)

Martina gattermann: Auf gefährlichen Wegen (Sound available)
Martina gattermann: Ein dramatischer Urlaub (Sound available)
Martina gattermann: SOS aus Berlin